LA THÉRÉSAÏC

LIVRES DE LA THÉRÉSAÏC

LA GENÈSE	L'ÉVANGILE SELON THÉRÉSA
FORMATION DE THÉRÉSA	LAMENTATIONS DE THÉRÉSA
LES APOTRES DE THÉRÉSA	APOCALYPSE

PAR TROIS ÉTOILES

—❧—

EN VENTE CHEZ TOUS LES LIBRAIRES

DÉPOT CHEZ TRALIN

ÉDITEUR-LIBRAIRE, RUE DAUPHINE, 49.

LA GENÈSE

APPARITION DU GRAND ARSENOÜS

I. Pour distraire les sages bourgeois et propager l'amour du chant, un Français né malin créa le café-concert.

II. Voyant que cela était bon et divertissant, les sages bourgeois y vinrent en foule.

III. Voyant que cela était lucratif, une nuée d'oiseaux de proie transformèrent leur aire en boîte à musique.

IV. Voyant que cela était lucratif, une nuée d'oiselets y vinrent chanter, roucouler, grimacer, parodier le beau.

V. Alors il se fit un grand bruit et les cafés-concerts devinrent une des merveilles terrestres.

VI. En ce temps-là apparut une longue figure pâle, ornée de favoris douteux.

VII. On l'appela Arsenoüs Gobertasse ou Arsenus Gobertoc, il devint la lumière du café de France.

VIII. Il n'était pas de

mœurs douces et polies, mais il était bon au fond.

IX. Le café de France étant trop étroit pour sa large poitrine, il rêva l'Alcazar et l'Alcazar fut à lui.

X. Alors il se fit un grand bruit de choppes, de cordes à boyaux, de casseroles, de tables. C'était comme un avertissement de miracles futurs... Or le grand Arsenoüs Gobertasse se frappa le front, il venait d'être illuminé.

FORMATION DE THÉRÉSA

OU L'ON DÉCOUVRE THÉRÉSA

I. Et le grand Arsenoüs dit : Assez de rossignols et de fauvettes, il faut autre chose aux sages bourgeois; Dieu n'a pas fait la lumière pour que nous restions dans l'obscurité; le ciel de mon Alcazar est splendide, mais il lui manque une étoile.

II. En ce temps-là, on soupait aux Mousquetaires. Au milieu des éclats de rire et des toasts aux passions, une femme entonna *Fleur des Alpes ;* une tyrollienne que les anges doivent chanter au Bon Dieu, ce qui fait pleuvoir parce que c'est triste.

III. O femme tyroliennisée ! s'écria l'assemblée émue, allez-vous coller au plafond de l'Alcazar, le grand Arsenoüs demande une étoile aux échos.

IV. Elle vint simplement se faire entendre sur la scène, mais aux sages bourgeois à continuer de boire leur bière et de la trouver mauvaise.

V. Un soir qu'on avait bien dîné, la femme tyroliennisée se mit à cascader : les uns se pâmaient, les autres se tordaient, mais le grand Arsenoüs, toujours calme et grave, se frappa le front avec un marteau, il venait de se toquer. Il s'écria : O plafond de l'Al-

cazar ! O destin tricolore ! je viens de trouver la vérité dans le vin.

VI. La vérité dans le vin, c'est la note enrouée qui vient de sortir de ton gosier de cuivre ; çà n'est pas beau, mais çà déchire l'oreille ; or ça fera sensation.

VII. O femme ! si tu veux être le Messie de la chanson, et sauver le café-concert, et bannir à jamais les artistes et les poëtes, et ne plus sortir qu'en char à vingt-cinq sous, et dîner tous les jours à trente-deux sous, et nourrir ton chien havanais, et ta famille, et tes amies, et toi-même ! Écoute-moi.

VIII. O femme ! si tu veux étonner le monde, éclipser le soleil et la lune ; si tu veux faire entendre ton galoubet dans les salons du grand monde ; si tu veux qu'on fasse ton portrait partout, qu'on te montre au doigt comme un phénomène ? Écoute-moi.

IX. Jette au vent de l'oubli les jérémiades que tu soupirais hier encore aux sages bourgeois ; exerce-toi à posséder et à lancer la note enrouée de ton gosier de cuivre ; étale aux yeux étonnés tes longs bras maigres et osseux ;

ouvre la bouche mais n'avale ni les petits enfants ni le chef d'orchestre.

X. Alors il se fit un grand bruit du côté des halles, des barrières, et dans la caisse du grand Arsenoüs Gobertasse ou Gobertoc. — Sonnez trompettes de l'Alcazar! et vous, sages bourgeois, réveillez-vous ! — Le ciel de l'Alcazar avait son étoile, Thérésa venait d'être formée.

LES APOTRES DE THÉRÉSA

ARSENOÜS PRÊCHANT AU SOMMET DE L'ALCAZAR

I. Et de grandes troupes de curieux— et de grandes troupes de poétereaux et de musiciens accoururent et des rives de la Seine, et des buttes Montmartre, et de l'heureuse Normandie, et de delà des Batignolles-

Monceaux et non Mon-
ceaux.

II. Or, le grand Arse-
noüs voyant tout ce peuple,
monta au sommet de l'Al-
cazar ; puis, s'étant assis,
il l'enseigna de la sorte :

III. Bienheureux sont
ceux qui gobent Thérésa.
Bienheureux sont ceux qui
lui font des chansons , le
royaume de l'Alcazar est à
eux.

IV. Bienheureux sont
ceux qui sont affamés et
altérés, car ils seront rassa-
siés s'ils ne sont pas trop
exigeants.

V. Bienheureux sont
ceux qui trouvent des cascades à faire épanouir les
entrailles des sages bourgeois, et nous permettent
de vendre la bière au poids
de l'or parce qu'elle en a
la couleur.

VI. Vous êtes le sel de
la terre , la lumière du
monde ; que votre lumière
luise donc devant les hommes, afin qu'ils voyent vos
œuvres et qu'ils glorifient
votre interprète.

VII. Ainsi donc, ceux
qui auront fait et suivi tous
ces petits commandements
seront tenus grands au
royaume de l'Alcazar.

VIII. Car je vous dis que
si votre chanson ne sur-
passe pas tout ce qu'on a
fait de grotesque et de bar-
bare, vous ne serez pas tenus grands au royaume de
l'Alcazar.

IX. Alors le grand Arse-
noüs Gobertasse ou Gober-
toc ayant appelé les apôtres,
leur donna toute puissance
sur les esprits sains pour
les chasser de son royaume,
pour faire naître toutes

sortes de maladies et d'infirmités spirituelles qui, depuis, se sont cramponnées comme des teignes sur l'imagination du pauvre monde.

X. Et sont ici les noms de ces apôtres :

— Vilbichotrime qui l'adora à la tâche et lui fit vingt-cinq chants sur le même air, lequel était déjà connu.

— Avenelus qui rapiéça pour elle toutes les rengaînes du Morvan.

— Houssotum qui protégea ses amours avec un sapeur.

— Hervétique qui lui confia ses ours.

— Puis vinrent : le gros Darcierum, l'élégant Henrionini, le farouche Clémentrie qui voulurent la sauver et durent l'abandonner à son malheureux sort. Enfin les apôtres Frebeau comme tout, Blaquieri Fracasse, les derniers et plus heureux au royaume de l'Alcazar.

L'ÉVANGILE SELON THÉRÉSA

MAXIMES A L'USAGE DES BONS ENFANTS

I. O vous qui voulez briller de mes feux ! O vous, pauvres étoiles perdues ! Écoutez. — Il faut qu'une bonne étoile save save save son métier.

II. Campez-vous dans une robe à lame d'or, tenez-vous d'aplomb sur vos grands pieds, mettez vos bras en manche de veste, avancez en souriant, faites de l'œil, sachez au besoin lancer le mot de Cambronne, et vous serez adorées des sages bourgeois, et l'on viendra des buttes Chaumont au-delà du noble faubourg et vous entendre et vous applaudir.

III. Ayez une grande bouche : si vous n'avez pas de dents ? Achetez-en, ça ne coûte pas cher. Ouvrez la bouche à montrer vos entrailles, criez fort et les sages bourgeois vous diront une grande artiste.

IV. Passez la main dans les cheveux de vos apôtres — faites écrire vos mémoires par votre cuisinière — jouez à l'Orpheline — à la dame aux Camélias — à la Madeleine repentante — à l'Enfant prodigue — prêchez la charité de la camaraderie, mais ne prêtez jamais cent sous — ne chantez jamais au bénéfice d'un pauvre, d'un infirme ou d'un vieillard sans vous faire payer, et payer d'avance, autrement c'est se prodiguer.

V. Ne supportez jamais qu'on accapare un coin de votre ciel, éteignez tout ce qui brille ou voudrait briller autour de vous, autrement votre flamme ne serait plus aussi vive aux yeux de la foule. Il faut qu'une bonne étoile save save save son métier.

VI. Le grand monde

n'est pas ce qu'un vain peuple pense : il faut s'y glisser à temps, ces gens-là ont des accointances avec les orfèvres et les banquiers, ils payent en or et en diamants le petit bleu qu'on répand sur leur nape ; ils fontlavervotre place quand vous êtes parti , mais l'argent qu'on en reçoit ne salit pas les doigts.

VII. Il faut se faire photographier par tous les photographards de l'univers et jeter son portrait à tout le monde ; ça ne fait pas mal , ça popularise. Mengin en faisait autant de ses médailles.

VIII. Un jour, il faut faire semblant de se brouiller avec son ciel et le quitter ; comme on y revient, ça fait dire aux sages bourgeois que le ciel ne peut se passer de vous.

IX. Il faut faire courir le bruit qu'on gagne des sommes folles, c'est-à-dire : deux fois plus qu'un sénateur, douze fois plus qu'un artiste de talent, vingt fois plus qu'un habile comptable, cent fois plus qu'une honnête fille , ou qu'un père de famille, ou qu'un savant; alors on vous prend pour un phénomène et tout le monde veut une place pour vous voir.

X. Et ainsi les Mengins, les Champroux, les Nadars sont éclipsés. Et ainsi je suis l'Alcazar et Arsenoüs est son prophète !

LAMENTATIONS DE THÉRÉSA

ENTRE DEUX ÉTOILES SON CŒUR BALANCE

I. Hélas!... O monde ingrat! O sages bourgeois devenus blasés! O renommée éphémère! O réputation de carton! O vous qui causez ma rage et mon désespoir! faites à savoir parmi les nations, et publiez-le, et ne le cachez point, dites : Thérésa a frémi de fureur sous sa longue robe de chambre.

II. Hélas!.. des insensés, des égarés ont dit que j'étais la Rigolboche de la chanson.

III. Hélas!.. humble étoile du cinquième ciel, je me suis inclinée devant ce grand nom, car Rigolboche habite le septième ciel de la cascade.

IV. Hélas!.. Elle lève mieux la jambe que je n'ouvre la bouche, car c'est une étoile qui file entre deux cavaliers, comme une anguille entre les roseaux.

V. Hélas!.. O grande Rigolboche ! pardonne-moi, car je ne te vais pas à la cheville quand tu tiens en l'air le bout de ta bottine entre tes doigts savants.

VI. Des impies, des athés

ont dit que j'étais la Patti de la choppe.

VII. Ceux-là en ont menti par la gorge, que ce mensonge les étrangle! car la Patti habite le troisième ciel et j'habite le cinquième.

VIII. La Patti ramasse plus d'or que moi, parce que la Patti est une étoile vagabonde qui voyage dans tous les ciels; mais la Patti n'est que l'ombre de l'étoile Rigolboche et la parodie de la mienne.

IX. Puis mon peuple s'en est allé comme des brebis perdues, des imposteurs l'ont égaré; il s'en est allé de par un certain Eldorado et m'a abandonné pour Suzanne Lagier, Lasseny, Risette; espèces de feux-follets, pauvres vers-luisants.

X. Et je me suis plainte, et j'ai rugi, et j'ai grincé des dents. Or, je suis encore grande au milieu de ma gloire, comme un nez de chien dans une lanterne. Sonnez trompettes de l'Alcazar! allez musique de foires et de carnaval! sonnez trompes et clairons! dites au monde, publiez-le, ne le cachez point, qu'on sache que je n'ai pas de rivales, si ce n'est la grande et sublime cascadeuse, la célèbre jambe en l'air, l'incomparable Rigolboche!!!

APOCALYPSE

PRÉDICTION DES TROIS ÉTOILES

I. Bienheureux sont ceux qui lisent et qui écoutent les paroles de cette prophétie, car le temps est proche.

II. Un jour il se fera un grand bruit par le royaume de l'Alcazar, une pluie de grenouilles, de pierres, d'injures l'assiégeront. Le grand Arsenoüs Gobertasse ira chercher quatre hommes et un caporal, mais ils seront tous précipités sous les tables avec armes et bagages.

III. Thérésa s'enfuira échevelée, emportant son chien dans ses bras ; elle oubliera d'embrasser sa mère et se réfugiera chez Suzanne Lagier qui la cachera sous ses matelas et s'asseiera dessus.

IV. Alors Thérésa ira chanter ses malheurs et ses cascades de province en province ; son prophète ne sera plus le grand Arsenoüs, mais le joli canuchinel.

V. Mais une étoile tombée du ciel n'y remonte plus, et le règne de Thérésa sera fini, comme a fini le *Pied qui r'mue*, le choléra, nos dernières bottines, nos dernières amours.

VI. Alors il se fera un grand bruit de volets, de serrures, de vitres, de clés sous les portes, d'huissiers, de recors ; et les cafés-concerts auront aussi fini leur règne.

VII. Alors apparaîtra un monde nouveau ; les apôtres de la Thérésa seront jugés, et le grand Arsenoüs Gobertasse ou Gobertoc, qui ne se décourage jamais, changera de nom et deviendra directeur de théâtre.

VIII. Alors on n'entendra plus dans les rues de ces refrains qui font mal au cœur, de la musique à deux sous le tas, comme les pommes à cidre...

IX. Et l'art environné de gloire reprendra sa course sur son char de triomphe, au milieu d'infidèles qui l'imploreront trop tard.

X. Si quelqu'un retranche quelque chose du livre de cette prophétie : les muses lui retireront la part qu'il a dans le livre de vie. Donc que la grâce de cette prophétie soit avec nous tous.

AMEN.

Paris. — Typ. Bonnet. — Lesueur, Baillehache, V. Poupard et Cie, 42, rue Vavin.